# MIRA COM SONA

M. Dolors Pellicer Dibuixos de Marie Nigot



lletra màgica

19



edicions
bromera

*L'hivern passat va fer molt de fred*

L'HIVERN PASSAT VA FER MOLT DE FRED

Ffffffff!

i Pepa va agafar un constipat
tan gran que va estar
quinze dies sense anar a escola.

I PEPA VA AGAFAR UN CONSTIPAT
TAN GRAN QUE VA ESTAR
QUINZE DIES SENSE ANAR A ESCOLA.

Aaaaatxiiim!

Son pare també es va constipar
i li xiulaven les orelles
com si les tinguera plenes de grills.

SON PARE TAMBÉ ES VA CONSTIPAR
I LI XIULAVEN LES ORELLES
COM SI LES TINGUERA PLENES DE GRILLS.

A la classe de Pepa
tots es van constipar,
fins i tot la mestra.

A LA CLASSE DE PEPA
TOTS ES VAN CONSTIPAR,
FINS I TOT LA MESTRA.

Ara ja no és hivern.
Ha començat la primavera i
han eixit les primeres flors.
Les persones
ens tornem més rialleres.

ARA JA NO ÉS HIVERN.
HA COMENÇAT LA PRIMAVERA I
HAN EIXIT LES PRIMERES FLORS.
LES PERSONES
ENS TORNEM MÉS RIALLERES.

Però el pare de Pepa
encara no s'ha curat del tot.
L'aire fred li va entrar tan endins
de les orelles que el va deixar
quasi sord.

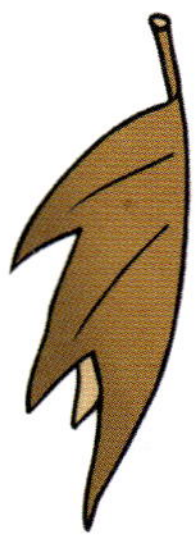





PERÒ EL PARE DE PEPA
ENCARA NO S'HA CURAT DEL TOT.
L'AIRE FRED LI VA ENTRAR TAN ENDINS
DE LES ORELLES QUE EL VA DEIXAR
QUASI SORD.

Fiiiiuuuuuuu!

Ara només pot sentir els sorolls
molt forts, com la botzina
d'un camió, els trons
o la sirena d'una fàbrica.

ARA NOMÉS POT SENTIR ELS SOROLLS
MOLT FORTS, COM LA BOTZINA
D'UN CAMIÓ, ELS TRONS
O LA SIRENA D'UNA FÀBRICA.

uuàààààà!
uuàààààà!
TRAAAC!
BORROMMM
BUMMMM BUMMMM!
MEC-MEEEEEEC!

Però a ell li agradaria
tornar a sentir tots els sons
que sentia abans,
fins i tot els fluixets.

PERÒ A ELL LI AGRADARIA
TORNAR A SENTIR TOTS ELS SONS
QUE SENTIA ABANS,
FINS I TOT ELS FLUIXETS.

Zzzzzzz...
Mèèèèèu!
Mmmmuuuuààà!
Zzzzzzz...
Zzzzzz...

I els molt fluixets.



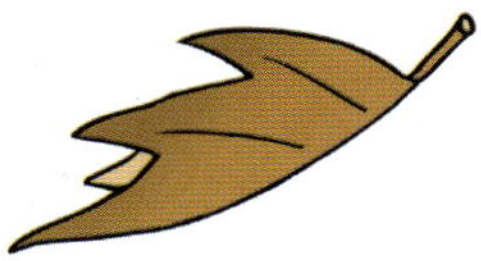



I ELS MOLT FLUIXETS.

Xas-xas-xas...
Xiu-xiu-xiu...
Nyiiic!
Nyiiic!

Per això ha anat a visitar
una metgessa que es diu
otorinolaringòloga.

PER AIXÒ HA ANAT A VISITAR
UNA METGESSA QUE ES DIU
OTORINOLARINGÒLOGA.

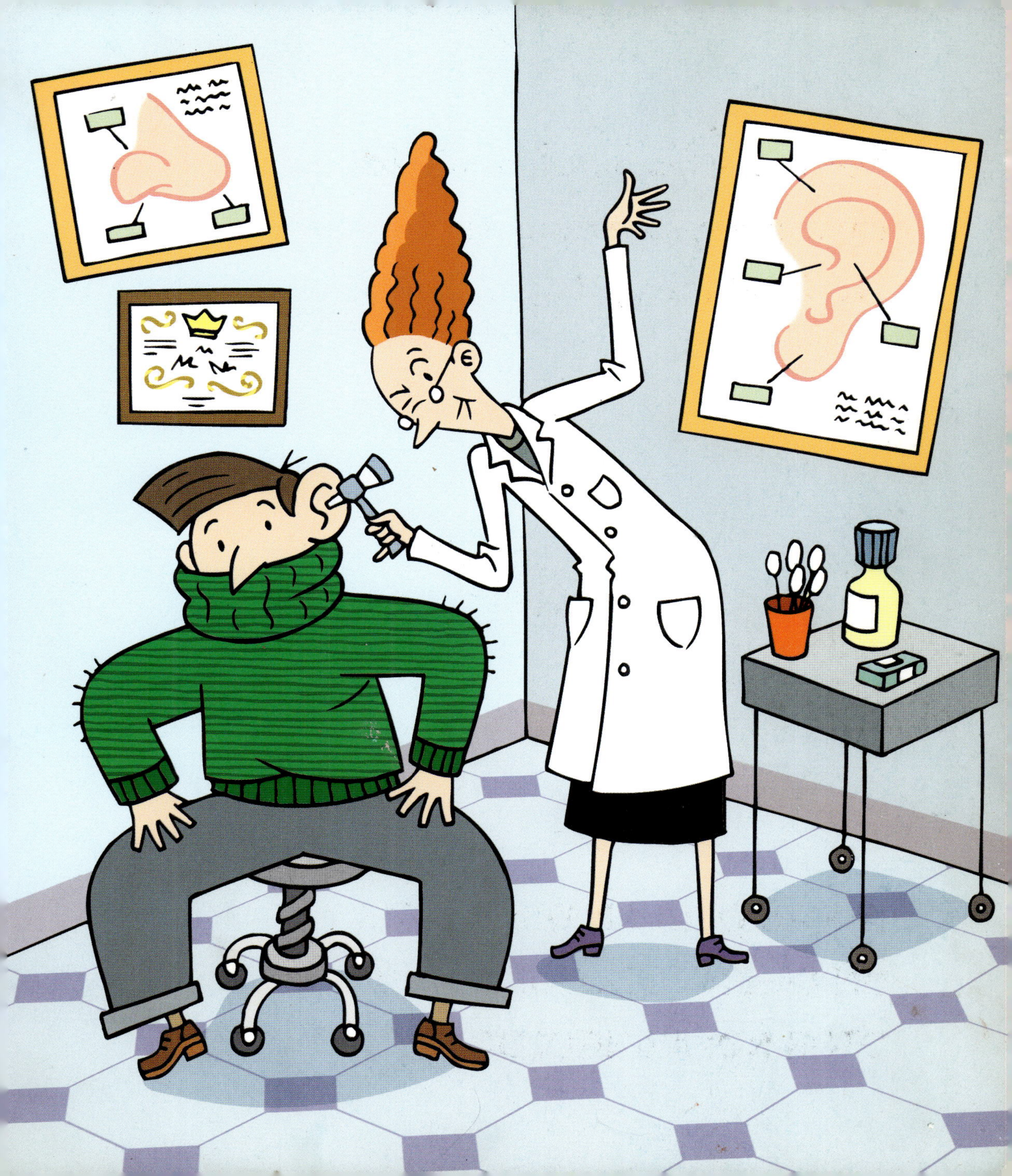

El pare de Pepa es curarà prompte i
tornarà a sentir tot allò
que ara només pot recordar.

EL PARE DE PEPA ES CURARÀ PROMPTE I
TORNARÀ A SENTIR TOT ALLÒ
QUE ARA NOMÉS POT RECORDAR.

Rrrrrrrrrrr!
Riiinnnggg!
Riiinnnggg!
NG-DONG!
NG-DONG!
Clinc!
Craccc!

*A Daniel Riquelme,*
*pel secret de les paraules*
*no pronunciades*


Polígon Industrial 1    46600 Alzira
www.bromera.com

Impressió: Bormac
1a edició: abril, 2004
ISBN: 84-7660-948-5
DL: V-1829-2004